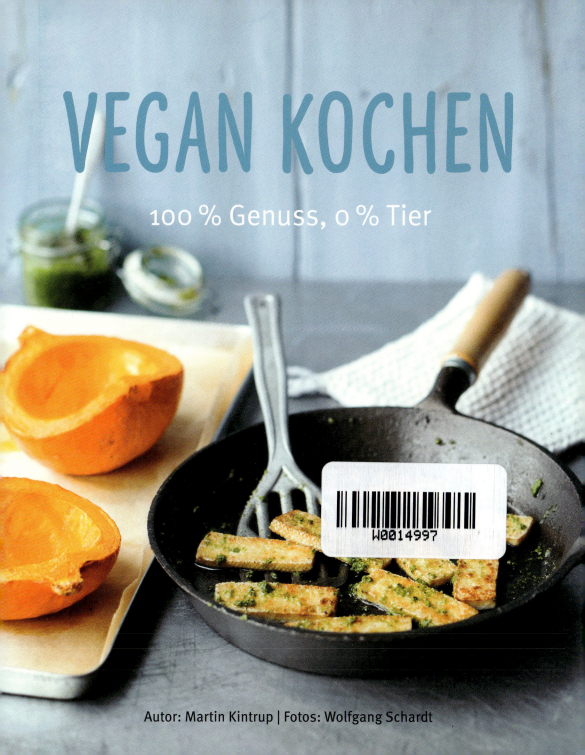

VEGAN KOCHEN

100 % Genuss, 0 % Tier

Autor: Martin Kintrup | Fotos: Wolfgang Schardt

INHALT

TIPPS UND EXTRAS

Umschlagklappe vorne:
 Vegane Stars

4 Vegan for life
5 Die besten Eiweißquellen
6 Mandel-Macadamia-Mus
7 Cashew-Kokos-Joghurt
64 Smoothies

Umschlagklappe hinten:
 Achtung beim Kauf von …
 Party, Party!

8 START IN DEN TAG

10 Geröstetes Dinkelmüsli
11 Amaranth-Tonka-Porridge
12 Dinkel-Multikern-Brot
14 Tomaten-Cashew-Aufstrich
14 Kichererbsen-Aufstrich
15 Kräuter-Labneh
15 Choco-Coco-Creme
16 Rührtofu-Brote

DIE GU-QUALITÄTS-GARANTIE

Wir möchten Ihnen mit den Informationen und Anregungen in diesem Buch das Leben erleichtern und Sie inspirieren, Neues auszuprobieren. Bei jedem unserer Bücher achten wir auf Aktualität und stellen höchste Ansprüche an Inhalt, Optik und Ausstattung. Alle Rezepte und Informationen werden von unseren Autoren gewissenhaft erstellt und von unseren Redakteuren sorgfältig ausgewählt und mehrfach geprüft. Deshalb bieten wir Ihnen eine 100 %ige Qualitätsgarantie.

Darauf können Sie sich verlassen:
Wir legen Wert darauf, dass unsere Kochbücher zuverlässig und inspirierend zugleich sind. Wir garantieren:
- dreifach getestete Rezepte
- sicheres Gelingen durch Schritt-für-Schritt-Anleitungen und viele nützliche Tipps
- eine authentische Rezept-Fotografie

Wir möchten für Sie immer besser werden:
Sollten wir mit diesem Buch Ihre Erwartungen nicht erfüllen, lassen Sie es uns bitte wissen! Nehmen Sie einfach Kontakt zu unserem Leserservice auf. Sie erhalten von uns kostenlos einen Ratgeber zum gleichen oder ähnlichen Thema. Die Kontaktdaten unseres Leserservice finden Sie am Ende dieses Buches.

GRÄFE UND UNZER VERLAG
Der erste Ratgeberverlag – seit 1722.

18 VORWEG UND AUF DIE HAND

- 20 Avocado-Cashew-Schiffchen
- 22 Mini-Kartoffelknödel mit Spitzkohl
- 24 Linsenbällchen mit Mangodip
- 25 Knusperspargel mit Bärlauchmayo
- 26 Kichererbsensalat mit Hummus
- 28 Feldsalat mit Tofu
- 28 Avocado-Linsen-Salat
- 29 Rübchensalat
- 29 Warmer Süßkartoffelsalat
- 30 Ananas-Kürbis-Cremesuppe
- 31 Möhren-Mandel-Cremesuppe

32 HAUPTSACHE VEGAN

- 34 Grünkernrösti mit Rahmgemüse
- 36 Bohneneintopf mit Räuchertofu
- 37 Linsen-Tomaten-Eintopf
- 38 Spaghetti mit Tempeh-Bolognese
- 40 Polenta-Lasagne mit Auberginen
- 42 Kürbis-Couscous mit Tofu
- 43 Orientreis mit Granatapfelsalsa
- 44 Sauerkraut-Curry
- 45 Linsenbällchen-Masala
- 46 Tex-Mex-Burger
- 48 Seitan-Burritos

50 SWEET DREAMS

- 52 Kokos-Grießpudding mit Mango
- 53 Amaranthpudding mit Obstsalat
- 54 Macadamia-Tiramisu
- 56 Mohnküchlein mit Waldbeergrütze
- 58 Schoko-Knusper-Törtchen
- 59 Mandel-Nuss-Pralinen

- 60 Register
- 62 Impressum

VEGAN FOR LIFE

Was bedeutet eigentlich »vegan«? Und was essen Veganer überhaupt?
Die kurze Antwort: Veganer ernähren sich rein pflanzlich!

Dabei steht eine bunte Vielfalt von Getreidesorten, Hülsenfrüchten, Gemüse, Früchten, Nüssen, Samen und Kräutern auf dem Speiseplan. Dass bei so viel Abwechslung keine Langeweile aufkommt, versteht sich von selbst. Nur Fleisch, Fisch, Honig, Eier, Milchprodukte und Gelatine sind für Veganer tabu. Das ist ökologisch sinnvoll und nachhaltig. Denn beim Anbau von Getreide, Hülsenfrüchten, Obst und Gemüse werden weniger Flächen benötigt, weniger Wasser verbraucht und weniger Treibhausgase produziert als bei der Produktion von Fleisch, Käse & Co. Die vegane Ernährung gilt deshalb vielen als eine Ernährungsweise der Zukunft.

EINFACH EINSTEIGEN UND LOSKOCHEN

Für Neueinsteiger ist die vegane Kochkunst häufig unbekanntes Land. Wer kennt schon Tempeh, Seitan oder Seidentofu? Und weiß noch dazu, wie diese perfekt zubereitet werden? Außerdem: Wie ernährt man sich ausgewogen, wenn man tierische Produkte von seinem Speiseplan streicht? Keine Angst, wir machen Ihnen den Einstieg ganz einfach. Mit unseren verständlichen und leckeren Rezepten können Sie sofort loskochen und so Schritt für Schritt in die vegane Welt eintauchen.

PERFEKT VERSORGT

Vielfalt ist Trumpf! Um als Veganer rundum mit Vitaminen, Mineralien und Eiweiß versorgt zu sein, ist ein bunter Mix verschiedener Komponenten bei den Mahlzeiten oder über den Tag verteilt Pflicht. Reichlich Gemüse, Getreide, Hülsenfrüchte und etwas Obst sollten täglich auf dem Speiseplan stehen – in möglichst großer Vielfalt. Hochwertige Öle helfen, fettlösliche Vitamine aufzunehmen. Einen Mangel gibt es bei pflanzlicher Ernährung häufig nur bei Kalzium und Vitamin B12. Aber die lassen sich ganz einfach beheben: Kalzium wird mittlerweile häufig Tofu und Sojamilch zugesetzt. Und Vitamin B12 nimmt man am besten über Nahrungsergänzungsmittel oder über damit angereicherte Lebensmittel zu sich.

DIE BESTEN EIWEISSQUELLEN

Aminosäuren sind lebenswichtige Eiweißbausteine und ein Knackpunkt in der veganen Ernährung. Hier lernen Sie die wichtigsten Proteinlieferanten kennen.

Unser Körper benötigt essenzielle Aminosäuren, kann sie aber selbst nicht bilden. Also muss er sie über die Nahrung aufnehmen. Während Obst und Gemüse meist nur geringe Mengen enthalten, sind Hülsenfrüchte, Getreide und Nüsse voll davon. Aber kaum ein Lebensmittel enthält alle wichtigen Aminosäuren. Der Trick: Lebensmittel kombinieren, deren Eiweißprofil sich ergänzt.

GETREIDE UND PSEUDOGETREIDE
Dazu gehören alle Getreidesamen sowie die Pflanzensamen Quinoa, Buchweizen und Amaranth (1). Am besten kombiniert man sie mit Hülsenfrüchten, Sojaprodukten, Kartoffeln oder Ölsamen.

HÜLSENFRÜCHTE
Werden Kichererbsen, Bohnen, Erbsen und Linsen (2) mit Getreide kombiniert, erhält der Körper hochwertigstes Protein. Besonders Sojabohnen und Sojaprodukte besitzen hochwertiges Eiweiß.

NÜSSE, MANDELN UND ÖLSAMEN
Ebenfalls eiweißreich, aber durch den hohen Fettgehalt sind Nüsse & Co. (3) leider auch sehr kalorienhaltig. Deshalb jeden Tag in geringen Mengen genießen. Ideal mit Getreide und Hülsenfrüchten.

KARTOFFELN
Die köstlichen Knollen (4) besitzen relativ wenig Eiweiß, das jedoch in der Zusammensetzung sehr hochwertig ist. Am besten mit Getreide kombiniert.

WARENKUNDE

MANDEL-MACADAMIA-MUS

200 g Mandeln | 50 g Macadamianüsse | 1 EL Walnussöl | Schraubglas (ca. 250 ml Inhalt)
Für 10 Portionen (à 25 g) | 2 Std. 35 Min. Zubereitung |
Pro Portion ca. 165 kcal, 5 g EW, 16 g F, 1 g KH

1 In einem kleinen Topf Wasser aufkochen. 150 g Mandeln hineingeben und 1 Min. darin blanchieren. Dann kalt abschrecken und abtropfen lassen.

2 Den Backofen auf 150° vorheizen. Die blanchierten Mandeln mit den Fingern aus den braunen Häutchen drücken.

3 Alle Mandeln und die Macadamianüsse auf dem Blech ausbreiten und im Ofen (Mitte) 15 Min. rösten. Herausnehmen und abkühlen lassen.

4 Mandeln und Nüsse mit dem Öl im Mixer 1 Min. fein mahlen. Dann stoppen und 5 Min. abkühlen lassen. So fortfahren, bis eine cremige Masse entstanden ist.

5 Das Mus in das Schraubglas füllen und verschließen. Bei Zimmertemperatur aufbewahrt, ist das Mandel-Macadamia-Mus mindestens 2 Wochen haltbar.

TIPP
Für diese beiden Grundrezepte brauchen Sie unbedingt einen leistungsstarken Mixer. Sogenannte Hochleistungsmixer (mit bis zu 30 000 Umdrehungen/Min.) zerkleinern Nüsse problemlos so fein, dass sie auf der Zunge kaum mehr zu spüren sind.

CASHEW-KOKOS-JOGHURT

70 g Cashewkerne | 100 g Kokosmilch | 1 EL Agavendicksaft | 2 EL Dinkel-Hafer-Schmelzflocken |
1 EL Limettensaft (ersatzweise Zitronensaft) | 1 Pck. Joghurtferment (aus dem Bioladen) | Salz
Für 4 Gläser (à 150 ml) | 30 Min. Zubereitung | 16 Std. Ruhen |
Pro Portion ca. 175 kcal, 4 g EW, 12 g F, 12 g KH

1 Die Cashewkerne in einer Schüssel mit reichlich Wasser bedecken und mindestens 4 Std. quellen lassen. Dann abgießen.

2 Cashews, Kokosmilch, Agavendicksaft, Schmelzflocken und 300 ml Wasser im Mixer sehr fein und cremig pürieren. Den Backofen auf 50° vorheizen.

3 Die Cashewmilch in einem Topf auf 90° erhitzen und 5 Min. auf dieser Temperatur halten. Die Temperatur mit einem Küchenthermometer überprüfen.

4 Die Mischung auf ca. 40° abkühlen lassen. Limettensaft, Joghurtferment und 1 Prise Salz einrühren und den Joghurtansatz in die Gläser füllen.

5 Den Backofen ausschalten. Den Joghurt auf ein Backblech stellen und im Ofen (Mitte) in ca. 12 Stunden oder über Nacht fest werden lassen.

6 Am nächsten Tag die Gläser verschließen und den Joghurt im Kühlschrank abkühlen lassen. Innerhalb von 2 Tagen verzehren.

GRUNDREZEPT

START IN DEN TAG

Für Neu-Veganer ist es beim Frühstück zunächst nicht leicht, sich umzustellen. Ohne Joghurt, Milch, Ei, Käse und Wurst – was bleibt da noch? Ganz einfach: kreative Müslivarianten, eiweißreiches Brot, herzhafte und süße Brotaufstriche. So sieht ein veganes Frühstück aus, das satt macht ... und einem trotz der frühen Stunde ein Lächeln aufs Gesicht zaubert.

GERÖSTETES DINKELMÜSLI

50 ml Ahornsirup | 2 EL neutrales Öl |
½ TL Zimtpulver | 100 g Dinkelflocken |
100 g kernige Haferflocken | 70 g Dinkelpops |
70 g ungesüßte Cornflakes | 50 g Apfelchips

Volle Knusperpower voraus!

Für 8 Portionen (à 60 g) | 10 Min. Zubereitung |
25 Min. Backen | 20 Min. Abkühlen
Pro Portion ca. 205 kcal, 5 g EW, 4 g F, 37 g KH

1 Den Backofen auf 150° vorheizen. Ahornsirup und Öl in einer ofenfesten Pfanne aufkochen, dann das Zimtpulver unterrühren.

2 Flocken, Pops und Flakes einstreuen und unter Rühren ca. 5 Min. anrösten. Die Pfanne in den Ofen (Mitte) stellen und das Müsli ca. 25 Min. weiterrösten. Dabei gelegentlich umrühren. Danach herausnehmen und ca. 20 Min. abkühlen lassen.

3 Die Apfelchips grob zerbröseln und mit dem abgekühlten Müsli mischen. Zum Aufbewahren in einen verschließbaren Behälter füllen.

TIPP

Und dazu ein cremiger Joghurt nach griechischer Art: Für 2 Personen am Vorabend ein Sieb mit einem sauberen Küchentuch auslegen und auf einen Topf setzen. 500 g Sojajoghurt hineingeben, die Ecken des Tuchs darüberschlagen, mit einem Teller beschweren und im Kühlschrank über Nacht abtropfen lassen. Den Joghurt in eine Schüssel füllen und mit 1 Päckchen Bourbon-Vanillezucker, 2 EL Ahornsirup, 1 EL Zitronensaft und 2 EL Walnussöl verrühren. Mit Wasser verdünnen, bis er cremig ist. Mit Dinkelmüsli, 2–3 EL Fruchtmark (z. B. Apfel- oder Birnenmark) und 100–150 g frischen Beeren in zwei Schalen anrichten.

AMARANTH-TONKA-PORRIDGE

150 g Amaranthkörner | 400 ml Haferdrink | 2 EL zarte Haferflocken | 3–4 EL Ahornsirup | Salz | 1 Prise frisch geriebene Tonkabohne | 1 säuerlicher Apfel (z. B. Elstar) | 100 g kernlose Weintrauben | 30 g Mandeln

Aromatisches Wochenendfrühstück

Für 2 Personen | 35 Min. Zubereitung | 12 Std. Quellen
Pro Portion ca. 615 kcal, 17 g EW, 18 g F, 93 g KH

1 Am Vorabend den Amaranth mit ausreichend Wasser bedecken und ca. 12 Std. quellen lassen.

2 Den Amaranth am nächsten Tag in einem Sieb abtropfen lassen. Mit Haferdrink, 200 ml Wasser und Haferflocken in einem Topf aufkochen. Dann zugedeckt bei schwacher Hitze 20 Min. köcheln lassen, dabei gelegentlich umrühren.

3 Den Porridge mit 2 EL Ahornsirup, Salz und Tonkabohne würzen und offen noch ca. 5 Min. weitergaren, bis er cremig wird. Vom Herd nehmen und den Porridge zugedeckt noch 5 Min. ziehen lassen.

4 Inzwischen den Apfel waschen, halbieren, das Kerngehäuse entfernen und die Hälften in Würfel schneiden. Die Trauben waschen, von den Rispen zupfen und halbieren. Die Mandeln grob hacken. Den Porridge in zwei tiefen Tellern anrichten, mit Apfel, Trauben und Mandeln bestreuen und mit dem restlichen Ahornsirup beträufeln.

TIPP

Tonkabohnen finden Sie im Gewürzregal gut sortierter Supermärkte sowie in Bioläden. Wichtig: Immer nur sparsam dosieren und am besten mit einer Muskatreibe frisch reiben.

START IN DEN TAG

DINKEL-MULTIKERN-BROT

Getreide, Kichererbsenmehl und allerlei Kerne und Samen: Diese Kombination schmeckt nicht nur grandios, sondern versorgt den Körper auch mit wichtigen Aminosäuren.

450 g Dinkelvollkornmehl
150 g Kichererbsenmehl
Salz
1 EL brauner Rohrohrzucker
⅓ Würfel frische Hefe (ersatzweise 1½ TL Trockenhefe)
250 g gemischte Kerne und Samen (z. B. Sonnenblumen- und Kürbiskerne, Mohn-, Sesam-, Lein- und Chiasamen)
280 g Sojajoghurt
3 TL Backpulver
Mehl für das Blech

Eiweißkick am Morgen

Für 1 Brot (ca. 16 Scheiben) |
20 Min. Zubereitung |
16 Std. Ruhen |
50 Min. Backen
Pro Scheibe ca. 225 kcal,
10 g EW, 9 g F, 26 g KH

1 Am Vortag Dinkelmehl, Kichererbsenmehl und 2 TL Salz in einer Schüssel mischen. In einer zweiten Schüssel 400 ml lauwarmes Wasser mit 2 gehäuften EL Mehlmischung und dem Zucker glatt rühren. Die Hefe darin auflösen, dann 5 Min. ruhen lassen. Inzwischen die Kernemischung zusammenstellen.

2 Den Hefeansatz, 200 g Kernemischung und 150 g Sojajoghurt zur Mehlmischung geben. Alles mit einem Holzlöffel kräftig verrühren, bis der Teig homogen ist. Den Teig danach zugedeckt ca. 16 Std. bei Zimmertemperatur gehen lassen.

3 Den Backofen auf 200° vorheizen, ein Backblech leicht mit Mehl bestäuben. Backpulver über den Teig streuen. 100 g Joghurt zugeben und alles mit den Knethaken des Handrührgeräts kräftig zu einem geschmeidigen Teig verkneten.

4 Den Teig mit den Händen zu einem runden Laib formen, aufs Blech setzen und auf der Oberseite kreuzweise einritzen. Den Laib mit dem restlichen Joghurt bestreichen, mit den restlichen Kernen bestreuen. Die Kerne leicht andrücken. Das Brot im Ofen (Mitte) 50–60 Min. backen, bis es eine schöne Kruste bekommen hat und beim Klopfen auf die Unterseite hohl klingt. Herausnehmen und auf einem Kuchengitter abkühlen lassen.

INFO Mehl von Hülsenfrüchten ist in Kombination mit Getreide und Kernen ein hervorragender Eiweißspender. Allerdings besitzt dieser Mix etwas schlechtere Backeigenschaften als reines Weizenmehl. Deshalb helfe ich bei diesem Brot mit ein wenig Backpulver nach – so geht es im Ofen schön auf.

TOMATEN-CASHEW-AUFSTRICH

150 g getrocknete Tomaten (in Öl) | 1 Knoblauchzehe | 3 Stängel Basilikum | 1 TL Dijon-Senf | 70 g geröstete Cashewkerne | 2 EL Tomatenmark | 2–3 TL Ahornsirup | ½ TL rosenscharfes Paprikapulver | Kräutersalz | Pfeffer | Schraubglas (ca. 350 ml Inhalt)

Tomatig, knackig – lecker!

Für 10 Portionen (à ca. 30 g) |
10 Min. Zubereitung
Pro Portion ca. 115 kcal, 2 g EW, 10 g F, 4 g KH

1 Die Tomaten abtropfen lassen. Den Knoblauch schälen und grob würfeln. Das Basilikum waschen und trocken schütteln, die Blätter abzupfen.

2 Tomaten, Knoblauch und Basilikum mit Senf, Cashews, Tomatenmark, 2 TL Ahornsirup und Paprikapulver im Blitzhacker grob pürieren, sodass noch Cashewstücke vorhanden sind. Den Aufstrich mit Kräutersalz, Pfeffer und dem restlichen Ahornsirup abschmecken. In das Schraubglas füllen und bis zum Servieren kühlen. Im Kühlschrank aufbewahrt ist der Aufstrich 3–4 Tage haltbar.

KICHERERBSEN-AUFSTRICH

1 Glas Kichererbsen (210 g Abtropfgewicht) | 1 Knoblauchzehe | 1 TL gelbe Currypaste | 80 g Mangochutney (aus dem Glas) | 1 EL Zitronensaft | 1 EL Olivenöl | Kräutersalz | Schraubglas (ca. 350 ml Inhalt)

Mit feiner Mangonote

Für 10 Portionen (à ca. 30 g) |
10 Min. Zubereitung
Pro Portion ca. 35 kcal, 1 g EW, 1 g F, 5 g KH

1 Die Kichererbsen in ein Sieb abgießen, kalt abspülen und gut abtropfen lassen. Den Knoblauch schälen und grob würfeln.

2 Die Kichererbsen mit Knoblauch, Currypaste, Mangochutney, Zitronensaft und Olivenöl im Mixer sehr gründlich zu einer feinen Paste pürieren. Den Aufstrich mit Kräutersalz abschmecken. In das Schraubglas füllen und bis zum Servieren kühlen. Im Kühlschrank aufbewahrt ist der Aufstrich mindestens 1 Woche haltbar.

START IN DEN TAG

KRÄUTER-LABNEH

500 g Sojajoghurt | 1 EL Zitronensaft | 1 EL Olivenöl | Salz | Pfeffer | 1 TL Ahornsirup | 3–4 EL frisch gehackte Kräuter (z. B. Dill, Petersilie, Minze und Schnittlauch) | Schraubglas (ca. 350 ml Inhalt)

Orientklassiker auf neue Art

Für 10 Portionen (à ca. 35 g) |
10 Min. Zubereitung | 2 Tage Abtropfen
Pro Portion ca. 40 kcal, 2 g EW, 2 g F, 2 g KH

1 Ein Sieb mit einem sauberen Küchentuch auslegen und auf einen Topf setzen. Den Sojajoghurt hineingeben, die Ecken des Tuchs darüberschlagen und mit einem Teller beschweren. Im Kühlschrank 2 Tage abtropfen lassen.

2 Den Joghurt danach in eine Schüssel füllen und mit Zitronensaft und Olivenöl verrühren. Mit Salz, Pfeffer und Ahornsirup abschmecken und die Kräuter unterheben. In das Schraubglas füllen und bis zum Servieren kühlen. Im Kühlschrank aufbewahrt ist der Aufstrich 3–4 Tage haltbar.

CHOCO-COCO-CREME

100 g Zartbitterschokolade (70 % Kakaoanteil) | 100 g feste Kokoscreme | 1 Pck. Bourbon-Vanillezucker | 2 EL Zucker | 50 ml Sojamilch | 80 g Sojajoghurt (zimmerwarm) | Salz | Schraubglas (ca. 350 ml Inhalt)

Gute Laune fürs Brot

Für 10 Portionen (à ca. 35 g) |
10 Min. Zubereitung | 2 Std. Kühlen
Pro Portion ca. 145 kcal, 2 g EW, 12 g F, 8 g KH

1 Die Schokolade in Stücke brechen. Die Stücke mit Kokoscreme, Vanillezucker, Zucker und Sojamilch in einem Topf bei schwacher Hitze unter Rühren schmelzen lassen.

2 Die Schokocreme vom Herd nehmen und den Sojajoghurt unterrühren. Die Creme mit Salz und Zucker abschmecken, in das Schraubglas füllen und bis zum Servieren mindestens 2 Std. kühlen. Kühl aufbewahrt ist die Creme 3–4 Tage haltbar.

START IN DEN TAG 15

RÜHRTOFU-BROTE

Ich bin immer wieder erstaunt über das Kala-Namak-Schwefelsalz. Hier verleiht es dem Rührtofu ein ganz besonderes, eiähnliches Aroma.

400 g Seidentofu
½ TL Kala Namak (aus dem Bioladen)
½ TL Kräutersalz
½ TL gemahlene Kurkuma
½ TL rosenscharfes Paprikapulver
150 g Räuchertofu
1 Zwiebel
2 Tomaten
4 Stängel Basilikum
2 EL Olivenöl
4 Scheiben Vollkornbrot (z.B. Dinkel-Multikern-Brot, siehe S. 12)
2 EL süßer Senf

Tofu in Bestform

Für 2 Personen |
20 Min. Zubereitung
Pro Portion ca. 205 kcal,
5 g EW, 4 g F, 37 g KH

1 Für den Rührtofu den Seidentofu mit Kala Namak, Kräutersalz, Kurkuma und Paprikapulver vorsichtig durchrühren, sodass er noch leicht stückig bleibt (Bild 1). Den Räuchertofu halbieren. Eine Hälfte fein zerbröseln, die andere Hälfte in kleine Würfel schneiden. Die Zwiebel schälen und ebenfalls fein würfeln.

2 Die Tomaten waschen und in Scheiben schneiden, dabei die Stielansätze entfernen. Das Basilikum waschen, trocken schütteln und die Blätter in grobe Streifen schneiden oder zupfen.

3 Das Öl in einer Pfanne erhitzen und die Zwiebel- und Räuchertofuwürfel darin anbraten, bis beides leicht gebräunt ist (Bild 2). Räuchertofubrösel zugeben und ca. 1 Min. mitbraten. Dann den Seidentofu zugeben (Bild 3). Alles ca. 2 Min. weiterbraten, dabei gelegentlich vorsichtig wenden. Den Rührtofu nach Belieben mit etwas Kräutersalz würzen und mit dem Basilikum bestreuen.

4 Je 2 Brote auf zwei Teller legen und mit Senf bestreichen. Mit den Tomatenscheiben belegen und den Rührtofu daraufgeben.

TIPP

Der Rührtofu lässt sich prima variieren. Dafür z.B. 80 g in Scheiben geschnittene Champignons oder 50 g gewürfelte getrocknete Tomaten (in Öl; abgetropft) mit Zwiebeln und Tofu anbraten. Und statt Basilikum schmecken auch Schnittlauchröllchen oder gehackte Petersilie. Wer mag, streicht vor dem Senf noch 60 g Kräuter-Labneh (siehe S. 15) auf die Brote. Und ein paar Blätter Salat oder ein wenig Rucola unter den Tomaten sorgen für zusätzliche Frische.

START IN DEN TAG 17

VORWEG UND AUF DIE HAND

Leben Sie auch gerne von der Hand in den Mund? – Natürlich nur im kulinarischen Sinne! Dann sind Avocadoschiffchen, frittierte Linsenbällchen und Spargel im Filoteig sicher genau das Richtige für Sie. Dazu gibt es in diesem Kapitel feine Salate für alle Jahreszeiten und cremige Suppen, die der perfekte Auftakt für ein veganes Menü sind, aber auch alleine eine gute Figur machen.

AVOCADO-CASHEW-SCHIFFCHEN

**Feines Fingerfood: Diese Häppchen sind nicht nur optisch ein echter Genuss –
auch geschmacklich sind sie ein absolutes Highlight.**

2 EL Zitronensaft
2 TL Ahornsirup
1 TL Dijon-Senf
1 Knoblauchzehe
2 EL Walnussöl
Kräutersalz
Pfeffer
80 g Cashewkerne
3 Frühlingszwiebeln
2 kleine reife Avocados
(z. B. »Hass«)
50 g getrocknete Cranberrys
1 Romana-Salatherz

Von der Hand in den Mund

Für 4 Personen |
20 Min. Zubereitung
Pro Portion ca. 390 kcal,
6 g EW, 26 g F, 18 g KH

1 Für das Dressing Zitronensaft, Ahornsirup und Senf verrühren.
Den Knoblauch schälen und dazupressen. Das Öl unterschlagen
und das Dressing mit Kräutersalz und Pfeffer abschmecken.

2 Die Cashewkerne grob hacken und in einer Pfanne ohne Fett
hellbraun rösten, herausnehmen. Die Frühlingszwiebeln putzen,
waschen und in Ringe schneiden.

3 Die Avocados halbieren und die Kerne entfernen. Die Hälften
schälen und in Würfel schneiden. Die Avocadowürfel dann mit
Cashews, Frühlingszwiebeln, Cranberrys und dem Dressing mischen und kurz ziehen lassen.

4 Inzwischen das Salatherz zerpflücken und 8 schöne Blätter
auswählen (die restlichen Blätter anderweitig verwenden). Den
Avocadosalat nach Belieben noch mit etwas Kräutersalz, Pfeffer
und Zitronensaft abschmecken und portionsweise auf die Salatblätter häufen. Die Schiffchen auf einer Servierplatte anrichten
und als Fingerfood servieren.

TIPP Damit die Salatblätter schön gerade liegen, die Blattrippen
am Blattansatz bei Bedarf etwas flacher schneiden. Oder
noch besser: 8 Baguettescheiben in der Mitte aushöhlen
und im auf 180° vorgeheizten Backofen (Mitte) in 8 – 10 Min.
knusprig backen. Die Baguetteringe auf Teller legen und die
Avocadoschiffchen hineinsetzen. Für zusätzliche Kräuterfri-
sche mische ich gerne noch 4 EL in Streifen geschnittenes
Basilikum mit in den Avocadosalat. Mein Tipp für Gewürz-
fans: Wenn Sie noch ½ TL Schwarzkümmelsamen untermen-
gen, bekommt das Gericht noch mehr Aroma.

VORWEG UND AUF DIE HAND

MINI-KARTOFFELKNÖDEL MIT SPITZKOHL

Hier greift das Kindchenschema: Was in Groß eher deftig daherkommt,
löst in Miniaturversion garantiert pure Verzückung aus!

Für die Knödel:
550 g festkochende Kartoffeln
Salz
50 g Speisestärke
Für Spitzkohl und Brösel:
400 g Spitzkohl
1 säuerlicher Apfel
(z. B. Elstar)
150 g Pfifferlinge
3 Knoblauchzehen
4 EL Olivenöl
2 TL Zucker
1 EL Aceto balsamico bianco
100 g Hafersahne
Salz
Pfeffer
100 g Semmelbrösel

Alpenklassiker

Für 4 Personen |
1 Std. 20 Min. Zubereitung
Pro Portion ca. 415 kcal,
9 g EW, 17 g F, 56 g KH

1 Für die Knödel 400 g Kartoffeln waschen und in kochendem Salzwasser bei schwacher Hitze zugedeckt 25 – 30 Min. garen. Danach abgießen und ausdampfen lassen.

2 Die restlichen Kartoffeln schälen und fein reiben. Die gegarten Kartoffeln pellen und mit dem Kartoffelstampfer oder einer Gabel fein zerdrücken. Geriebene Kartoffeln und Speisestärke zugeben. Mit Salz würzen und die warme Kartoffelmischung mit den Händen gut verkneten. Aus der Masse mit angefeuchteten Händen 8 Knödel formen und 10 Min. ruhen lassen.

3 Für den Spitzkohl den Kohl zerpflücken, grobe Blattrippen und den Strunk entfernen. Die Blätter waschen, trocken schleudern und in feine Streifen schneiden. Apfel schälen, halbieren und das Kerngehäuse entfernen. Die Hälften klein würfeln. Pilze putzen und mit einem Küchentuch trocken abreiben, große Exemplare klein schneiden. Knoblauch schälen und fein würfeln.

4 In einem Topf reichlich Wasser aufkochen, salzen. Die Knödel darin bei schwacher Hitze in 15 – 20 Min. gar ziehen lassen.

5 Inzwischen für den Spitzkohl in einem zweiten Topf 1 EL Olivenöl erhitzen. Spitzkohl, Apfel, Pilze und ein Drittel vom Knoblauch darin andünsten. Mit Zucker bestreuen und etwas karamellisieren lassen. Mit Essig ablöschen, die Hafersahne dazugießen, aufkochen und das Gemüse bei schwacher Hitze 5 Min. garen. Mit Salz, Pfeffer und Essig abschmecken.

6 In einer Pfanne das restliche Olivenöl erhitzen. Die Semmelbrösel und den restlichen Knoblauch darin hellbraun anrösten. Mit Salz würzen. Die Knödel aus dem Wasser heben, kurz abtropfen lassen und in den Bröseln wälzen. Das Gemüse auf vier Tellern anrichten und die Knödel daraufsetzen.

TIPP Lust auf Luxus? Dann noch 2 EL geröstete Pinienkerne unter das Gemüse heben oder 1 – 2 TL Trüffelöl darüberträufeln.

VORWEG UND AUF DIE HAND

LINSENBÄLLCHEN MIT MANGODIP

250 g gelbe Linsen | 6 Stängel Koriandergrün | 2 Knoblauchzehen | 2 grüne Chilischoten | 1 Bio-Zitrone | 1 EL brauner Rohrohrzucker | 2 EL Dinkelmehl (Type 630) | Kräutersalz | 200 g Mangofruchtfleisch | 1 TL Speisestärke | Pfeffer | ¾ l Öl zum Frittieren

Für Falafel-Fans

Für 4 Personen | 35 Min. Zubereitung | 6 Std. Quellen
Pro Portion ca. 340 kcal, 17 g EW, 7 g F, 37 g KH

1 Die Linsen in reichlich Wasser 6 Std. einweichen. Danach in ein Sieb abgießen und abtropfen lassen. Koriandergrün waschen, trocken schütteln und die Blätter abzupfen. Knoblauch schälen, Chilis längs halbieren, entkernen und waschen. Beides würfeln. Zitrone heiß abwaschen und abtrocknen. Die Schale abreiben, den Saft auspressen.

2 Linsen, Koriander und die Hälfte der Knoblauch- und Chiliwürfel mit Zucker, Mehl, Zitronenschale, 3 EL Zitronensaft und 1 TL Kräutersalz pürieren. Die Masse mit Kräutersalz abschmecken.

3 Für den Dip das Mangofruchtfleisch würfeln. Mit den restlichen Knoblauch- und Chiliwürfeln in einem Topf 5 Min. dünsten, dabei gelegentlich umrühren. Stärke, 3 EL Zitronensaft und 50 ml kaltes Wasser verquirlen. Mit dem Schneebesen einrühren und kurz mitköcheln lassen. Alles fein pürieren und den Dip mit Salz und Pfeffer abschmecken.

4 In einem Topf ca. 5 cm hoch Öl erhitzen. Dann von der Linsenmasse mit 2 Esslöffeln portionsweise 20 Nocken abstechen und diese im heißen Fett in 4–5 Min. goldbraun frittieren. Dabei einmal wenden. Die Bällchen auf Küchenpapier entfetten und mit dem Dip servieren.

KNUSPERSPARGEL MIT BÄRLAUCHMAYO

20 Stangen grüner Spargel (500 – 600 g) | 5 ½ EL Zitronensaft | Kräutersalz | 2 ½ EL Bärlauchpaste (aus dem Bioladen) | 2 EL Dijon-Senf | 1 Pck. Filoteig (250 g aus dem Kühlregal; 10 Blätter à 30 × 31 cm) | 120 ml Walnussöl | 1 EL Mandelmus | 1 kleine Prise Kala Namak (aus dem Bioladen; nach Belieben)

Fingerfood mit Kultpotenzial

Für 4 Personen | 50 Min. Zubereitung
Pro Portion ca. 600 kcal, 6 g EW, 52 g F, 25 g KH

1 Den Spargel waschen. Die Stangen im unteren Drittel dünn schälen und die Enden abschneiden. Wasser in einem Topf mit Dämpfeinsatz aufkochen und die Stangen darin zugedeckt 3 Min. dämpfen. 4 EL Zitronensaft mit Kräutersalz verrühren. Den Spargel herausnehmen, kalt abschrecken und ca. 10 Min. in der Marinade ziehen lassen.

2 Inzwischen den Backofen auf 200° vorheizen, ein Backblech mit Backpapier belegen. Je 1 ½ EL Bärlauchpaste und Senf verrühren. Filoteigblätter halbieren und dünn mit 2 EL Walnussöl bestreichen. Dann jedes Blatt an einer Schmalseite mit dem Bärlauchsenf bestreichen. Die Spargelstangen so auf den Senfstreifen legen, dass die Spitzen über den Teigrand ragen. Die Stangen einrollen, aufs Blech legen und im Ofen (Mitte) in ca. 10 Min. knusprig braun backen.

3 Für die Mayo Mandelmus, 1 ½ EL Zitronensaft, 1 TL Senf, 1 EL Bärlauchpaste und 50 ml Wasser mit etwas Kräutersalz und nach Belieben Kala Namak pürieren. Dabei langsam 100 ml Walnussöl einlaufen lassen und weitermixen, bis die Mayonnaise fester wird. Die Bärlauchmayo mit Kräutersalz abschmecken, in Schälchen anrichten und zum Knusperspargel servieren.

KICHERERBSENSALAT MIT HUMMUS

Glück ist, wenn mit diesem bunten Salat und dem mild-würzigen Dip gleich zwei meiner liebsten Kichererbsenrezepte auf einem Teller landen.

2 Dosen Kichererbsen
(à 265 g Abtropfgewicht)
3 Knoblauchzehen
100 g Tahin (Sesampaste;
aus dem Glas)
160 ml Zitronensaft
7 EL Olivenöl
3 TL Ahornsirup
1½ TL gemahlener
Kreuzkümmel
Salz
Pfeffer
250 g Kirschtomaten
8 Stängel Petersilie
2 rote Zwiebeln
300 g Zucchini

Kulinarischer Orientexpress

Für 4 Personen |
45 Min. Zubereitung
Pro Portion ca. 455 kcal, 12 g
EW, 34 g F, 21 g KH

1 Für den Hummus 1 Dose Kichererbsen in ein Sieb abgießen, kalt abspülen und abtropfen lassen. Knoblauch schälen und grob würfeln. Die Kichererbsen mit Knoblauch, Tahin, 100 ml Zitronensaft, 4 EL Olivenöl, 1 TL Ahornsirup, 1 TL Kreuzkümmel und 150 ml Wasser fein pürieren. Den Hummus mit Salz, Pfeffer und nach Belieben mit Ahornsirup abschmecken.

2 Für den Salat 1 Dose Kichererbsen in ein Sieb abgießen, kalt abspülen und abtropfen lassen. Die Tomaten waschen und halbieren. Petersilie waschen, trocken schütteln und die Blätter abzupfen. Zwiebeln schälen, halbieren und in Streifen schneiden.

3 Zucchini waschen, putzen und würfeln. In einer Pfanne 1 EL Olivenöl erhitzen und die Zucchini darin rundum hellbraun anbraten. Mit 1 EL Zitronensaft ablöschen und mit Salz würzen.

4 Für das Dressing den restlichen Zitronensaft und Ahornsirup mit 1 Msp. Kreuzkümmel verrühren. Das restliche Olivenöl unterschlagen und das Dressing mit Salz und Pfeffer abschmecken. Kichererbsen, Tomaten, Petersilie, Zwiebeln und Zucchini unterheben und den Salat 5 Min. ziehen lassen.

5 Jeweils einen großen Klecks Hummus auf vier Teller setzen und in die Mitte eine Mulde drücken. Den Salat darauf anrichten. Dazu passt knuspriges Fladenbrot.

TIPP Für mehr Würze püriere ich noch ½ TL rosenscharfes Paprikapulver mit dem Hummus. Und der Salat bekommt mehr Biss mit zusätzlich 50 g gerösteten Pinienkernen. Gerne fülle ich Hummus und Salat auch mal in Burritos (siehe S. 48).

VORWEG UND AUF DIE HAND

FELDSALAT MIT TOFU

300 g Tofu | 4 EL Sojasauce | 4 EL Zitronensaft | 4 EL Zucker | 1 EL Mehl | 1 EL Sesamsamen | 6 EL Olivenöl | Kräutersalz | 6 EL Apfelessig | 100 g gemischte TK-Beeren | Pfeffer | 150 – 200 g Feldsalat

Mit fruchtigem Beerendressing

Für 4 Personen | 35 Min. Zubereitung
Pro Portion ca. 345 kcal, 11 g EW, 21 g F, 25 g KH

1 Backofen auf 200° vorheizen, ein Backblech mit Backpapier belegen. Tofu würfeln. Sojasauce, Zitronensaft, 1 EL Zucker, Mehl, Sesam und 2 EL Olivenöl verrühren, mit Kräutersalz würzen. Den Tofu darin 5 Min. marinieren. Dann mit Marinade aufs Blech geben und im Ofen (Mitte) 20 Min. backen.

2 Für das Dressing den Essig mit 3 EL Zucker in einem Topf cremig einkochen lassen. Beeren zugeben und kurz darin ziehen lassen. Das restliche Öl einrühren und das Dressing mit Kräutersalz und Pfeffer abschmecken. Feldsalat verlesen, waschen und trocken schleudern. Mit dem Tofu auf vier Tellern anrichten und mit dem Dressing beträufeln.

AVOCADO-LINSEN-SALAT

3 EL Aceto balsamico bianco | 2 TL Ahornsirup | ½ TL rosenscharfes Paprikapulver | 3 EL Öl | Kräutersalz | Pfeffer | 4 Frühlingszwiebeln | 4 Stängel Minze | 125 g Rucola | 1 rosa Grapefruit | 1 Dose Linsen (265 g Abtropfgewicht) | 2 kleine Avocados (z. B. »Hass«)

Überraschung für den Gaumen

Für 4 Personen | 20 Min. Zubereitung
Pro Portion ca. 340 kcal, 8 g EW, 26 g F, 17 g KH

1 Für das Dressing Essig, Ahornsirup und Paprikapulver verrühren. Das Öl unterschlagen und mit Kräutersalz und Pfeffer abschmecken.

2 Für den Salat Zwiebeln putzen, waschen und in Ringe schneiden. Minze waschen, trocken schütteln, Blätter abzupfen. Rucola verlesen, waschen, trocken schleudern und klein zupfen. Grapefruit dick schälen, die Fruchtfilets herausschneiden (siehe S. 64) und dritteln. Linsen abgießen, kalt abspülen und abtropfen lassen. Avocados halbieren, entkernen, schälen und würfeln. Die Salatzutaten mit dem Dressing mischen, kurz ziehen lassen.

RÜBCHENSALAT

100 g Radieschen | 200 g Mairübchen | 100 g Möhren | 1 säuerlicher Apfel (z. B. Elstar) | 2 Stängel Dill | 2 EL Apfelessig | 1 TL Ahornsirup | 1 TL Tafel-Meerrettich (aus dem Glas) | 1 kleine Knoblauchzehe | 2 EL Walnussöl | Kräutersalz | Pfeffer | 40 g Mandelblättchen

Mit knackigen Knollen

Für 4 Personen | 15 Min. Zubereitung
Pro Portion ca. 140 kcal, 3 g EW, 11 g F, 7 g KH

1 Für den Salat Radieschen waschen und putzen. Mairübchen und Möhren schälen, Mairübchen halbieren. Apfel waschen, halbieren und das Kerngehäuse entfernen. Alles in dünne Scheiben schneiden. Den Dill waschen, trocken schütteln und die Spitzen grob hacken.

2 Für das Dressing Essig, Ahornsirup und Meerrettich verrühren. Knoblauch schälen und dazupressen. Das Öl unterschlagen und das Dressing mit Kräutersalz und Pfeffer abschmecken. Alle Salatzutaten, Mandelblättchen und Dressing mischen. Den Salat kurz ziehen lassen.

WARMER SÜSSKARTOFFELSALAT

800 g Süßkartoffeln | 4 EL Olivenöl | 6 Stängel Petersilie | 1 rote Zwiebel | 100 g mit Mandeln gefüllte grüne Oliven | 250 g Kirschtomaten | 3 EL Aceto balsamico | ½ TL rosenscharfes Paprikapulver | 1 Msp. gemahlener Kreuzkümmel | Kräutersalz

Perfekte Grillbeilage

Für 4 Personen | 40 Min. Zubereitung
Pro Portion ca. 330 kcal, 4 g EW, 16 g F, 42 g KH

1 Backofen auf 200° vorheizen, ein Backblech mit Backpapier belegen. Kartoffeln schälen, vierteln, in Scheiben schneiden. Auf dem Blech mit 2 EL Öl mischen und im Ofen (Mitte) ca. 25 Min. backen.

2 Inzwischen Petersilie waschen, trocken schütteln, die Blätter abzupfen. Zwiebel schälen und in Streifen schneiden. Oliven halbieren. Tomaten waschen und halbieren. Süßkartoffeln aus dem Ofen nehmen und etwas abkühlen lassen. Dann mit Petersilie, Zwiebel, Oliven und Tomaten mischen. Essig, 2 EL Öl, Paprikapulver und Kreuzkümmel unterheben und mit Kräutersalz abschmecken.

ANANAS-KÜRBIS-CREMESUPPE

1 Hokkaido-Kürbis (ca. 1 kg) | 2 Zwiebeln | 30 g Ingwer | 300 g Ananasfruchtfleisch | 2 EL Öl | 1 EL gelbe Thai-Currypaste | 400 g Kokosmilch | Salz | 1 Bio-Limette | 2 EL grob gehacktes Koriandergrün (nach Belieben)

Herbstklassiker mit Asianote

Für 4 Personen | 30 Min. Zubereitung
Pro Portion ca. 320 kcal, 5 g EW, 23 g F, 22 g KH

1 Den Kürbis putzen, waschen und halbieren. Die Kerne herausschaben und den Kürbis grob würfeln. Zwiebeln und Ingwer schälen und in kleine Würfel schneiden. Ananas ebenfalls würfeln.

2 Das Öl in einem Topf erhitzen. Zwiebeln und Ingwer darin andünsten. Currypaste und Kürbis zufügen und kurz mitdünsten. Ananas, Kokosmilch und ½ l Wasser zugeben, leicht salzen.

3 Die Suppe aufkochen, dann zugedeckt bei schwacher Hitze 12 – 15 Min. köcheln lassen.

4 Die Limette heiß abwaschen und abtrocknen. Die Schale abreiben, den Saft auspressen. Die Limettenschale zur Suppe geben und diese mit dem Stabmixer fein pürieren. Die Suppe mit Salz und Limettensaft abschmecken. Nach Belieben mit Koriandergrün bestreuen und servieren.

TIPP

Kürbis und Currypaste haben eine Schwäche für fruchtige Partner. Daher gehen sie gerne auch mal mit Mango oder Papaya fremd. Für eine Variante dieser delikaten Ménage-à-trois also statt Ananas einfach 300 g Mango- oder Papayafruchtfleisch verwenden.

MÖHREN-MANDEL-CREMESUPPE

700 g Möhren | 1 Zwiebel | 4 EL Olivenöl | 400 ml Apfelsaft | Kräutersalz | 1 säuerlicher Apfel (z. B. Elstar) | 50 g getrocknete Cranberrys | 2 EL Ahornsirup | 1 Prise Zimtpulver | 2 EL Zitronensaft | 100 g Mandelmus | 2 TL Dijon-Senf | 2 EL gehackter Dill

Mit fruchtigem Topping

Für 4 Personen | 30 Min. Zubereitung
Pro Portion ca. 490 kcal, 9 g EW, 32 g F, 41 g KH

1 Für die Suppe die Möhren und die Zwiebel schälen und in Scheiben oder Würfel schneiden.

2 In einem Topf 2 EL Olivenöl erhitzen und Möhren und Zwiebel darin andünsten. 200 ml Apfelsaft und ½ l heißes Wasser zugießen. Mit Kräutersalz würzen, aufkochen und alles zugedeckt bei schwacher Hitze 12 – 15 Min. köcheln lassen.

3 Inzwischen für das Topping den Apfel waschen und halbieren. Das Kerngehäuse entfernen und die Hälften in schmale Spalten schneiden. 2 EL Olivenöl in einer Pfanne erhitzen und die Apfelspalten darin ca. 1 Min. anbraten. Cranberrys einstreuen und kurz mitbraten. 1 EL Ahornsirup zugeben und leicht karamellisieren lassen. Mit Zimt bestäuben, mit Kräutersalz und Zitronensaft abschmecken.

4 Restlichen Apfelsaft, Mandelmus, Senf und je 1 EL Zitronensaft und Ahornsirup zur Suppe geben. Die Suppe mit dem Stabmixer fein pürieren. Mit Kräutersalz und Zitronensaft abschmecken und den Dill unterziehen. Die Suppe in vier tiefe Teller verteilen und das Topping darauf anrichten.

VORWEG UND AUF DIE HAND

HAUPTSACHE VEGAN

Ich lasse mich gerne von internationalen Einflüssen inspirieren. Mediterrane, orientalische, asiatische und amerikanische Küche haben so viel Spannendes zu bieten – das kommt mal frisch und leicht daher, mal als herzhaftes Soul Food. Wer sich also keine Reise um die Welt leisten kann, kommt einfach mit auf meinen kulinarischen Trip durch die Küchen der Welt.

GRÜNKERNRÖSTI MIT RAHMGEMÜSE

Warum es Grünkern immer noch so schwer hat, ist mir ein Rätsel. Ich finde ihn geschmacklich einfach klasse, z. B. in diesen knusprigen Rösti.

130 g Grünkernschrot (aus
Bio- oder Naturkostladen)
2 Knoblauchzehen
Kräutersalz
400 g festkochende Kartoffeln
1 Zwiebel
2 EL Speisestärke
2 EL Dijon-Senf
300 g Möhren
500 g Zucchini
500 g Blumenkohl
200 g Champignons
250 g Hafersahne
1 EL Zitronensaft
Pfeffer
1 Prise Zucker
Öl zum Braten
4 EL gehacktes Basilikum

Hausmannskost mal anders

Für 4 Personen |
1 Std. Zubereitung
Pro Portion ca. 455 kcal,
12 g EW, 22 g F, 50 g KH

1 Für die Rösti den Grünkernschrot in einem Topf mit 170 ml Wasser aufkochen. Knoblauch schälen und 1 Zehe dazupressen. Mit Kräutersalz würzen und den Grünkern auf der ausgeschalteten Herdplatte zugedeckt 15 Min. quellen lassen. Inzwischen die Kartoffeln schälen und reiben. Zwiebel schälen und fein würfeln.

2 Den Grünkern mit einer Gabel auflockern und in einer Schüssel mit Kartoffeln und Zwiebel mischen. Von der Mischung 3 EL abnehmen und mit 1 EL Speisestärke, 1 EL Senf und 2 EL Wasser fein pürieren. Das Püree wieder zum Grünkern geben, alles kräftig vermischen und die Masse mit Kräutersalz abschmecken.

3 Für das Rahmgemüse Möhren schälen, Zucchini waschen. Beides schräg in Scheiben schneiden. Blumenkohl waschen und in Röschen teilen. In einem Topf mit Dämpfeinsatz die Möhren 2 Min. über kochendem Wasser dämpfen. Zucchini und Blumenkohl zugeben und alles 4 Min. weiterdampfen. Inzwischen Pilze trocken abreiben und in Scheiben schneiden. Gedämpftes Gemüse in ein Sieb abgießen, kalt abschrecken und abtropfen lassen.

4 Die Hafersahne in einem Topf mit 1 EL Speisestärke, 1 EL Senf und Zitronensaft verrühren und aufkochen. Den restlichen Knoblauch dazupressen und die Sauce mit Kräutersalz, Pfeffer und Zucker würzen. Die Pilze darin bei schwacher Hitze ca. 4 Min. garen. Das Gemüse unterheben und zugedeckt bei schwacher Hitze bis zum Servieren ziehen lassen.

5 Aus der Grünkernmasse 12 – 16 Rösti formen. Diese in reichlich Öl portionsweise von beiden Seiten in je ca. 4 Min. goldbraun braten. Auf Küchenpapier abtropfen lassen. Das Gemüse mit Kräutersalz, Pfeffer und Zitronensaft abschmecken und 2 EL Basilikum unterheben. Das Gemüse mit den Rösti auf vier Tellern anrichten, mit dem restlichen Basilikum bestreuen und servieren.

TIPP Stellen Sie das Gemüse nach Saison zusammen, 300 g Möhren sollten jedoch immer dabei sein. Im Frühling schmeckt z. B. ein Mix aus Möhren, weißem Spargel und Brokkoli.

HAUPTSACHE VEGAN

BOHNENEINTOPF MIT RÄUCHERTOFU

1 Glas weiße Bohnen (460 g Abtropfgewicht) | 300 g Räuchertofu | 200 g Kräuterseitlinge (ersatzweise Steinpilze) | 2 Zwiebeln | 2 rote Spitzpaprikaschoten | 200 g junger Spinat | 2 EL Olivenöl | 1 EL Ahornsirup | 3 EL Aceto balsamico bianco | Kräutersalz | 2 EL Bärlauchpaste (aus dem Bioladen) | Pfeffer

Bärlauchwürzig

Für 4 Personen | 30 Min. Zubereitung
Pro Portion ca. 320 kcal, 22 g EW, 15 g F, 23 g KH

1 Die Bohnen in ein Sieb abgießen, kalt abspülen und abtropfen lassen. Tofu würfeln, Pilze trocken abreiben und in Scheiben schneiden. Zwiebeln schälen und fein würfeln. Paprika waschen, halbieren, Samen und Trennwände entfernen und die Hälften klein schneiden. Spinat waschen und trocken schleudern, grobe Stiele entfernen.

2 Öl in einem Topf erhitzen, Zwiebeln und Paprika darin 3 Min. dünsten. Tofu und Pilze 3 Min. mitdünsten. Ahornsirup zugeben und karamellisieren lassen. Mit Essig ablöschen, ½ l heißes Wasser zugießen, mit Kräutersalz würzen und aufkochen. Dann bei schwacher Hitze 5 Min. köcheln lassen.

3 Bohnen, Spinat und Bärlauchpaste unterheben und noch ca. 2 Min. ziehen lassen, bis der Spinat zusammengefallen ist. Den Eintopf mit Essig, Kräutersalz und Pfeffer abschmecken und servieren.

TIPP

Statt Bärlauchpaste schmeckt auch marokkanisches Chermoula im Eintopf. Dafür je 1 Bund Petersilie und Koriandergrün waschen und trocken schütteln. Die Blätter mit 3 EL Olivenöl, 1 ½ EL Zitronensaft und 1 TL gemahlenem Kreuzkümmel fein pürieren, dann salzen.

LINSEN-TOMATEN-EINTOPF

1 Stange Lauch | 250 g Möhren | 2 Knoblauchzehen | 3 EL Olivenöl | 3 EL italienische TK-Kräuter | 1 EL Ahornsirup | 125 g rote Linsen | 200 g Muschelnudeln | 800 g stückige Tomaten (aus der Dose) | Kräutersalz | 300 g Zucchini | Pfeffer | 1–2 EL Aceto balsamico

Blitzeintopf für faule Tage

Für 4 Personen | 30 Min. Zubereitung
Pro Portion ca. 455 kcal, 18 g EW, 12 g F, 68 g KH

1 Lauch putzen, sorgfältig waschen, in Ringe schneiden und abtropfen lassen. Möhren schälen und in dünne Scheiben schneiden. Knoblauch schälen und fein würfeln.

2 In einem Topf 2 EL Olivenöl erhitzen, Lauch und Möhren darin 3 Min andünsten. Kräuter, Ahornsirup und Knoblauch zugeben und kurz mitdünsten.

3 Linsen, Nudeln, Tomaten und 700 ml Wasser zufügen. Aufkochen und zugedeckt bei schwacher Hitze 10–12 Min. köcheln lassen, bis Nudeln und Linsen bissfest sind. Dabei gelegentlich umrühren und nach 5 Min. mit Kräutersalz würzen.

4 Inzwischen die Zucchini waschen und würfeln. Die Würfel in 1 EL Olivenöl rundum hellbraun anbraten. Unter den Eintopf heben und diesen mit Kräutersalz, Pfeffer und Essig abschmecken. Den Eintopf in vier Schalen anrichten und servieren.

TIPP

Am liebsten gebe ich beim Servieren noch ein Löffelchen Pinienkern-Topping auf den Eintopf. Dafür 50 g Pinienkerne in einer Pfanne ohne Fett leicht rösten. Herausnehmen und mit 1–2 fein gehackten Knoblauchzehen, 4 EL gehacktem Basilikum und 1 EL Olivenöl mischen.

HAUPTSACHE VEGAN

SPAGHETTI MIT TEMPEH-BOLOGNESE

Würzige Italo-Asia-Crossover-Küche: Mit Tempeh, dem Neuzugang aus Indonesien, habe ich den italienischen Klassiker kräftig aufpoliert.

3 Knoblauchzehen
4 EL Olivenöl
200 g feines TK-Suppen-
gemüse
70 g getrocknete Tomaten
(in Öl)
2 EL Tomatenmark
1 Pck. italienische TK-Kräuter
800 g stückige Tomaten
(aus der Dose)
Salz
200 g Tempeh
2 EL Sojasauce
4 TL Hefeflocken (aus dem
Bioladen)
Pfeffer
50 g Hafersahne
1 EL Aceto balsamico
400 g Spaghetti

Saucenliebling auf neue Art

Für 4 Personen |
1 Std. Zubereitung
Pro Portion ca. 690 kcal,
25 g EW, 27 g F, 84 g KH

1 Den Knoblauch schälen und sehr fein würfeln, ein Drittel davon beiseitelegen. In einem Topf 2 EL Olivenöl erhitzen, den Knoblauch und das Suppengemüse darin ca. 10 Min. andünsten. Inzwischen getrocknete Tomaten abtropfen lassen und klein würfeln. Die Würfel nach 7 Min. zum Gemüse geben und mitdünsten.

2 Die Herdtemperatur erhöhen. Tomatenmark und Kräuter ins Gemüse rühren und kurz mitbraten. Tomaten und 400 ml Wasser dazugießen, salzen und aufkochen. Die Sauce bei schwacher bis mittlerer Hitze 30 Min. köcheln lassen.

3 Nach 15 Min. Kochzeit den Tempeh zerbröseln. In einer Pfanne 2 EL Olivenöl erhitzen und den Tempeh darin in ca. 8 Min. rundum knusprig braun braten. Restlichen Knoblauch zugeben und kurz mitbraten. Sojasauce zugießen und weiterbraten, bis die Flüssigkeit verdampft ist. 2 TL Hefeflocken kurz mit dem Tempeh in der Pfanne schwenken. Mit Salz und Pfeffer würzen.

4 Hafersahne und restliche Hefeflocken in die Sauce rühren und diese mit Salz, Pfeffer und Essig abschmecken. Die Nudeln nach Packungsangabe in kochendem Salzwasser bissfest garen. Abgießen und mit der Bolognese auf vier Tellern anrichten. Den Tempeh darüberstreuen und servieren.

TIPP

Für ein kräuteriges Aroma bestreue ich den Tempeh in der Pfanne gerne mit 2 EL gehackter Petersilie.

POLENTA-LASAGNE MIT AUBERGINEN

Schicht für Schicht ein Genuss ist meine Neuinterpretation des italienischen Auflaufs –
diesmal mit Polenta in der Hauptrolle!

4 Knoblauchzehen
Kräutersalz
200 g Instant-Polenta
2 Zwiebeln
2 Auberginen (à ca. 300 g)
700 g Kirschtomaten
2 Bund Basilikum
Olivenöl zum Braten
2 EL Aceto balsamico bianco
Pfeffer

Klassiker in neuem Gewand

Für 4 Personen |
1 Std. Zubereitung |
1 Std. Ruhen
Pro Portion ca. 275 kcal,
8 g EW, 6 g F, 46 g KH

1 In einem Topf 700 ml Wasser aufkochen. Knoblauch schälen, 2 Zehen ins Wasser pressen und mit Kräutersalz würzen. Polenta unter Rühren einrieseln lassen. Bei schwacher bis mittlerer Hitze 5 Min. unter Rühren kochen, dann zugedeckt auf der ausgeschalteten Platte 5 Min. ziehen lassen. Die Polentamasse ca. 1 cm dick auf ein mit Backpapier belegtes Blech streichen (Bild 1). Nach Bedarf mit feuchten Händen glätten und 1 Std. ruhen lassen.

2 Zwiebeln schälen und fein würfeln. Auberginen waschen, 1 Frucht klein würfeln, 1 quer in dünne Scheiben schneiden. Die Tomaten waschen und halbieren. Basilikum waschen, trocken schütteln und die Blätter abzupfen.

3 In einer großen Pfanne 2 EL Olivenöl erhitzen und die Zwiebel- und Auberginenwürfel darin 5 Min. anbraten. Die Tomatenhälften 3 – 4 Min. mitbraten. Restlichen Knoblauch dazupressen, mit dem Essig ablöschen und 100 ml Wasser zugießen. Das Gemüse noch 4 – 5 Min. köcheln lassen, dann mit Pfeffer, Kräutersalz und Essig würzen und die Hälfte vom Basilikum unterheben. Beiseitestellen.

4 Die Auberginenscheiben in heißem Öl von beiden Seiten leicht braun braten. Mit Kräutersalz und Pfeffer würzen und im Backofen bei 70° warm stellen. Die Polenta in 12 Rechtecke schneiden. Diese portionsweise in zwei Pfannen in Öl von beiden Seiten leicht bräunen (Bild 2).

5 Je 1 Polentastück auf vier Teller legen, ein Drittel vom Gemüse darauf verteilen und mit einem Drittel der Auberginenscheiben belegen (Bild 3). Diesen Vorgang noch zweimal wiederholen. Die Lasagne mit dem übrigen Basilikum bestreut servieren.

HAUPTSACHE VEGAN

KÜRBIS-COUSCOUS MIT TOFU

2 kleine Hokkaido-Kürbisse (à 600 g) | 3 EL Öl | 500 g Brokkoli | 1 Zwiebel | Salz | 2 EL Zitronensaft | 2 Rezepte Chermoula (siehe Tipp S. 36) | 200 g Instant-Couscous | 300 g Tofu (ersatzweise Räuchertofu)

Highlight auf dem Teller

Für 4 Personen | 35 Min. Zubereitung
Pro Portion ca. 475 kcal, 19 g EW, 20 g F, 52 g KH

1 Den Backofen auf 200° vorheizen, ein Backblech mit Backpapier belegen. Die Kürbisse waschen, putzen, längs halbieren und die Kerne herausschaben. Auf beiden Seiten der Hälften jeweils längs eine Spalte abschneiden.

2 Die Kürbishälften dann rundum mit 1 EL Öl bestreichen, aufs Blech setzen und im heißen Ofen (Mitte) 30 Min. backen, bis sie weich sind.

3 Inzwischen die Kürbisspalten würfeln. Brokkoli waschen und in Röschen teilen, Zwiebel schälen und fein würfeln. Das Gemüse in 1 EL Öl 5 Min. dünsten. ¼ l Wasser zugießen, salzen und 5 Min. weiterdünsten, bis die Flüssigkeit verdampft ist.

4 Zitronensaft, 4 EL Chermoula und 300 ml Wasser verrühren. Mit Salz abschmecken und mit dem Couscous zum Gemüse geben. Aufkochen und ca. 1 Min. köcheln, dann zugedeckt 5 Min. auf der ausgeschalteten Herdplatte ziehen lassen. Den Couscous mit Salz abschmecken.

5 Inzwischen Tofu in Scheiben schneiden und in 1 EL Öl knusprig braun braten. Restliches Chermoula zugeben und kurz in der Pfanne schwenken. Die Kürbishälften auf vier Teller setzen und mit dem Couscous füllen. Den Tofu daneben anrichten. Dazu passt Granatapfelsalsa (siehe S. 43).

HAUPTSACHE VEGAN

ORIENTREIS MIT GRANATAPFELSALSA

300 g Basmatireis | 2 Knoblauchzehen | 3 Zwiebeln | 1 Bio-Zitrone | 2 EL Öl | 6 Gewürznelken | 2 TL körniger Senf | 50 g Cashewkerne | 1 TL gemahlene Kurkuma | 2 EL Zucker | 450 g TK-Suppengemüse | Salz | 1 Granatapfel | 4 EL gehackte Minze

Bunt, bunter … Orientreis!

Für 4 Personen | 40 Min. Zubereitung
Pro Portion ca. 495 kcal, 12 g EW, 13 g F, 84 g KH

1 Den Reis in einem Sieb waschen, bis das ablaufende Wasser klar bleibt. Dann abtropfen lassen. Knoblauch und Zwiebeln schälen und fein würfeln. Zitrone heiß abwaschen und abtrocknen. Die Schale abreiben, den Saft auspressen.

2 Das Öl in einem Topf erhitzen, 2 Zwiebeln und die Gewürznelken darin leicht braun anbraten.

3 Senf, Cashewkerne, Kurkuma, Knoblauch und 1 EL Zucker zugeben und kurz mitdünsten. Suppengemüse, Reis, Zitronenschale und 2 EL Zitronensaft zufügen. 600 ml gesalzenes heißes Wasser dazugießen, aufkochen und zugedeckt bei mittlerer Hitze 8 Min. kochen. Den Reis dann 10 Min. auf der ausgeschalteten Herdplatte quellen lassen.

4 Inzwischen für die Salsa den Granatapfel halbieren, die Hälften umstülpen und die Kerne herauslösen. Granatapfelkerne, übrige Zwiebel, Minze, 1 EL Zitronensaft und restlichen Zucker verrühren. Die Salsa mit Salz abschmecken.

5 Den Reis mit einer Gabel auflockern und mit Zitronensaft und Salz abschmecken. Auf vier Teller verteilen und die Salsa darauf anrichten.

HAUPTSACHE VEGAN

SAUERKRAUT-CURRY

500 g festkochende Kartoffeln | 1 Zwiebel | 30 g Ingwer | 2 EL Öl | 1 EL gelbe Currypaste | Salz | 1 rote Paprikaschote | 300 g Ananasfruchtfleisch | 600 g Sauerkraut | 400 g Kokosmilch | 1–2 TL Ahornsirup | 2 TL Zitronensaft

Kulinarischer Culture-Clash

Für 4 Personen | 35 Min. Zubereitung
Pro Portion ca. 380 kcal, 7 g EW, 23 g F, 33 g KH

1 Kartoffeln, Zwiebel und Ingwer schälen. Die Kartoffeln in Scheiben, Zwiebel und Ingwer in Würfel schneiden. Das Öl in einem Topf erhitzen und Zwiebel und Ingwer darin andünsten. Die Currypaste einrühren und mitbraten. Die Kartoffeln zugeben und kurz in der Würzmischung schwenken. Danach 400 ml Wasser zugießen und salzen. Alles aufkochen und zugedeckt bei schwacher Hitze 5 Min. köcheln lassen.

2 Inzwischen die Paprika waschen, halbieren, Samen und Trennwände entfernen und die Hälften klein schneiden. Ananasfruchtfleisch würfeln. Sauerkraut, Kokosmilch, Paprika und Ananas ins Curry rühren. Wieder aufkochen und bei schwacher Hitze zugedeckt in ca. 12 Min. gar köcheln lassen. Dabei nach 5 Min. den Deckel abnehmen.

3 Das Curry mit Salz, Ahornsirup, Zitronensaft und nach Belieben etwas Currypaste abschmecken. In vier Schalen anrichten und servieren.

TIPP

Für mehr Aroma sorgen 2 TL schwarze Senfkörner beim Andünsten. Und kräftig gelb wird das Curry, wenn Sie noch ½ – 1 TL gemahlene Kurkuma mit der Currypaste zugeben.

LINSENBÄLLCHEN-MASALA

200 g rote Linsen | 3 Zwiebeln | 5 Knoblauchzehen | 2 Bio-Limetten | 30 g Kokosflocken | 5 TL Garam Masala (indische Gewürzmischung) | Salz | 2 EL Öl | 400 g stückige Tomaten (aus der Dose) | 200 g Kokosmilch | 100 ml Mangonektar (ersatzweise Passionsfruchtnektar)

Liebesgrüße aus Indien

Für 4 Personen | 35 Min. Zubereitung | 2 Std. Quellen
Pro Portion ca. 340 kcal, 15 g EW, 11 g F, 44 g KH

1 Für die Bällchen die Linsen in ausreichend Wasser 2 Std. einweichen. Danach in ein Sieb abgießen und abtropfen lassen. Zwiebeln und Knoblauch schälen und fein würfeln. Die Limetten heiß abwaschen und abtrocknen. Die Schale abreiben, den Saft auspressen.

2 Linsen, 1 Zwiebel, 3 Knoblauchzehen, Schale von 1 Limette, 2 EL Limettensaft, Kokosflocken und 2 TL Garam Masala fein pürieren. Salzen und aus der Masse 20 Bällchen formen.

3 Für die Sauce restliche Zwiebeln und Knoblauch im Öl andünsten. Das restliche Garam Masala kurz mitdünsten. Tomaten, Kokosmilch und Mangonektar dazugießen. Alles aufkochen und bei schwacher Hitze köcheln lassen.

4 Inzwischen die Linsenbällchen in einem großen Topf mit Dämpfeinsatz über kochendem Wasser ca. 5 Min. dämpfen. Dann in die Sauce geben und bei schwacher Hitze noch 8 Min. ziehen lassen. Die restliche Limettenschale einrühren und die Sauce mit Salz und Limettensaft abschmecken. Mit den Bällchen servieren. Dazu passt Basmatireis.

TEX-MEX-BURGER

Saftige Burger und dazu noch knusprige Pommes: So verwandle ich die heimische Küche gerne in ein American Diner. Howdy!

46 HAUPTSACHE VEGAN

50 g Tomatenmark
1 Glas eingelegte Jalapeño-
Ringe (160 g Abtropfgewicht)
1 TL rosenscharfes Paprikapulver
Salz | Pfeffer
4 Salatblätter (z. B.
Lollo bionda)
2 Tomaten
1 Zwiebel
2 EL Mehl
¾ l Öl
4 vegane Burgerpattys
(Fertigprodukt oder selbst
gemacht; siehe Tipp)
4 Hamburgerbrötchen
1 – 2 EL mittelscharfer Senf

Mein Fast-Food-Favourite

Für 4 Personen |
45 Min. Zubereitung
Pro Portion ca. 545 kcal,
31 g EW, 19 g F, 63 g KH

1 Für die Burgersauce das Tomatenmark mit 4 EL Jalapeño-Sud, 2 EL Wasser und ½ TL Paprikapulver verrühren. Mit Salz und Pfeffer würzen. Salat waschen und trocken schleudern. Tomaten waschen, in Scheiben schneiden und die Stielansätze entfernen.

2 Für die Röstzwiebeln die Zwiebel schälen und in Ringe schneiden. Mehl, ½ TL Salz und ½ TL Paprikapulver mischen. In einem Topf 5 cm hoch Öl erhitzen. Die Zwiebelringe im Mehl wenden und im heißen Öl goldbraun ausbacken. Mit einem Schaumlöffel herausheben und auf Küchenpapier entfetten.

3 Den Backofen auf 150° vorheizen. Etwas Öl in einer Pfanne erhitzen und die Burgerpattys darin von beiden Seiten goldbraun braten. Die Brötchen aufschneiden und im heißen Ofen (Mitte) in 3 – 5 Min. knusprig rösten.

4 Die Brötchenhälten danach mit Senf bestreichen. Die unteren Hälften mit Salat, Tomatenscheiben und Röstzwiebeln belegen und die Burgersauce darauf verteilen. Je 1 Burgerpatty drauflegen und mit je 2 – 3 Jalapeño-Ringen belegen. Die Brötchendeckel auflegen und die Burger servieren. Dazu passt ein bunter Salat mit Kidneybohnen, Tomaten und Mais.

TIPP Für vegane Pattys 100 g Buchweizen bei mittlerer Hitze zugedeckt 10 Min. garen, dann in einem Sieb abtropfen lassen. Je 2 rote Zwiebeln und Knoblauchzehen schälen und fein hacken. Mit Buchweizen, 250 g Seitanmehl, 2 EL Tomatenmark, 1 EL Dijon-Senf, 1 TL gemahlenem Rosmarin, 1 TL rosenscharfem Paprikapulver, 3 EL Walnussöl, 2 TL Kräutersalz und 200 ml Wasser verkneten. Mit Kräutersalz und Pfeffer abschmecken. Aus dem Teig 10 Pattys formen. Ein Backblech mit Backpapier belegen und mit Wasser besprenkeln. Die Pattys drauflegen, mit Backpapier zudecken und im auf 150° vorgeheizten Backofen (Mitte) 30 Min. garen. Wenden und weitere 15 Min garen. Abkühlen lassen und braten oder für den Vorrat tiefkühlen.

HAUPTSACHE VEGAN

SEITAN-BURRITOS

Wer die fetttriefenden Burritos von amerikanischen Fastfoodketten kennt,
wird überrascht sein: Meine Version ist leicht, frisch und aromatisch!

3 Tomaten
200 g Salatgurke
1 Chilischote (rot oder grün)
1 rote Zwiebel
4 EL Limettensaft
2 EL Olivenöl
Kräutersalz
Pfeffer
1 Avocado (z. B. »Hass«)
1 Knoblauchzehe
200 g Seitan
4 weiche Weizentortillas
(Fertigprodukt oder selbst
gemacht; siehe Tipp)

Mexiko-Rollos vom Feinsten

Für 4 Personen |
1 Std. Zubereitung
Pro Portion ca. 375 kcal,
16 g EW, 18 g F, 36 g KH

1 Für die Füllung Tomaten waschen, halbieren und entkernen. Stielansätze entfernen und die Hälften würfeln. Gurke schälen, längs halbieren, entkernen und klein würfeln. Chili längs halbieren, entkernen, waschen und fein würfeln. Zwiebel schälen und in Streifen schneiden. Alles mit 2 EL Limettensaft und 1 EL Olivenöl verrühren, mit Kräutersalz und Pfeffer würzen.

2 Avocado halbieren, entkernen und schälen. Das Fruchtfleisch mit 2 EL Limettensaft fein zerdrücken. Den Knoblauch schälen und dazupressen. Mit Kräutersalz und Pfeffer abschmecken.

3 Den Seitan in dünne Scheiben schneiden. Das restliche Öl in einer Pfanne erhitzen und die Scheiben darin von beiden Seiten knusprig braten. Mit 3 EL Marinade von der Füllung ablöschen und kurz weitergaren, bis diese verdampft ist. Den Seitan mit Kräutersalz und Pfeffer abschmecken.

4 Die Tortillas nacheinander in einer Pfanne ohne Fett von beiden Seiten erwärmen, bis sie elastisch werden. Herausnehmen und einen Streifen Avocadocreme in die Mitte streichen. Seitan und Salatfüllung darauf verteilen. Eine Seite der Tortillas über die Füllung klappen, danach eine Längsseite darüberschlagen und die Burritos aufrollen.

TIPP Für Tortillas 125 g Dinkelmehl (Type 630), ½ TL Backpulver und 1 Msp. Salz mischen. Mit 75 ml Wasser und 1 TL Olivenöl zu einem glatten Teig verkneten. 10 Min. ruhen lassen, dann in vier Portionen teilen. Auf der bemehlten Arbeitsfläche zu Kreisen (25 cm ⌀) ausrollen. In einer beschichteten Pfanne ohne Fett von jeder Seite ca. 2 Min. backen.

SWEET DREAMS

Als ich das erste Mal vegane Desserts zubereitet habe, war ich überrascht, dass man keinen Unterschied zu klassischen Desserts merkte. Tiramisu & Co. schmecken auch mit Sojacreme oder Mandelmus grandios, und Küchlein gelingen auch ohne Ei perfekt. Auf den folgenden Seiten finden Sie einige meiner Lieblingsrezepte für die süßen Momente im veganen Leben.

KOKOS-GRIESSPUDDING MIT MANGO

1 Bio-Zitrone | 400 g Kokosmilch | 100 g Zucker | ½ TL Agar-Agar-Pulver (aus dem Bioladen) | Zimtpulver | Salz | 60 g Hartweizengrieß | 1 reife Mango | 3 Minzeblätter | 4 Portionsförmchen (ca. 8 cm ⌀, ersatzweise Sturzgläser)

Frischer Aromendreiklang

Für 4 Personen | 25 Min. Zubereitung | 2 Std. Kühlen
Pro Portion ca. 350 kcal, 4 g EW, 17 g F, 44 g KH

1 Für den Grießpudding die Zitrone heiß abwaschen und abtrocknen. Dann die Schale abreiben und den Saft auspressen. Die Kokosmilch mit 200 ml Wasser, 60 g Zucker, Agar-Agar und je 1 Prise Zimtpulver und Salz in einem Topf zum Kochen bringen. Den Grieß einstreuen und bei mittlerer Hitze unter Rühren in ca. 5 Min. zu einer dicklichen Masse kochen lassen.

2 Die Masse vom Herd nehmen, die Zitronenschale unterrühren und mit 1–2 TL Zitronensaft abschmecken. Die Förmchen kalt ausspülen, die Grießmasse einfüllen und lauwarm abkühlen lassen. Dann ca. 2 Std. zugedeckt kühl stellen.

3 Die Mango schälen, das Fruchtfleisch flach vom Stein schneiden und würfeln. 20 g Zucker in einem Topf hellbraun karamellisieren. Mangowürfel und 2 EL Zitronensaft zugeben und 3 Min. köcheln lassen, dann vom Herd nehmen. Minzeblätter waschen und trocken tupfen. Mit 20 g Zucker im Mörser fein zerreiben, bis sich der Zucker grün färbt.

4 Den Grießpudding auf vier Dessertteller stürzen und das Mangokompott rundum anrichten. Mit etwas Minzezucker bestreuen und servieren.

SWEET DREAMS

AMARANTHPUDDING MIT OBSTSALAT

200 g Amaranthkörner | 1 l Sojamilch | 6 Aprikosen | 2 EL Walnusskerne | 4 EL Granatapfelkerne | 60 g Zucker | Zimtpulver | 3 EL Speisestärke | 2 Pck. Bourbon-Vanillezucker | 1 Prise Salz | 300 g kalte aufschlagbare Sojasahne | 1 Pck. Sahnefestiger

Powerkorn auf Orienttrip

Für 4 Personen | 45 Min. Zubereitung | 12 Std. Quellen
Pro Portion ca. 755 kcal, 17 g EW, 29 g F, 104 g KH

1 Für den Pudding am Vorabend den Amaranth mit ausreichend Wasser bedecken und 12 Std. quellen lassen. Am nächsten Tag in ein Sieb abgießen und abtropfen lassen. Amaranth und Sojamilch in einem Topf aufkochen, dann bei schwacher Hitze zugedeckt 25 Min. köcheln lassen.

2 Inzwischen für den Obstsalat die Aprikosen waschen, halbieren, entsteinen und in Spalten schneiden. Die Walnusskerne grob zerkleinern. Aprikosenspalten, Nüsse, Granatapfelkerne und 1 EL Zucker mischen, mit 1 Prise Zimt würzen.

3 Stärke, Vanillezucker, restlichen Zucker, Salz und ½ TL Zimt mischen. Den Mix in den Amaranth rühren und ca. 2 Min. mitköcheln lassen. Die Puddingmasse im Topf lauwarm abkühlen lassen.

4 Die Sojasahne mit dem Handrührgerät leicht schaumig schlagen. Sahnefestiger einstreuen und weiterschlagen, bis die Sahne fest und schaumig ist. Die Schlagsahne unter die Puddingmasse heben. Den Pudding in vier Gläser füllen und den Obstsalat darauf anrichten.

SWEET DREAMS

MACADAMIA-TIRAMISU

Mit Karamell, Macadamianüssen und Bananen gebe ich dem in die Jahre
gekommenen Dessertliebling aus Italien eine ganz neue Note.

500 g Sojajoghurt
150 ml Espresso
70 g brauner Rohrohrzucker
2 Pck. Bourbon-Vanillezucker
2 – 3 Tropfen Bittermandelaroma
1 Prise Salz
400 g kalte aufschlagbare
Sojasahne
1 Pck. Sahnefestiger
80 g Macadamianüsse (unge-
salzen oder gesalzen)
1 große Banane
6 vegane Cookies (ca. 130 g)
1 – 2 EL Kakaopulver
Außerdem:
6 Portionsförmchen
(8 – 10 cm ⌀)

Klassiker mit veganem Pepp

Für 6 Personen |
45 Min. Zubereitung |
12 Std. Abtropfen |
2 Std. Kühlen
Pro Portion ca. 820 kcal,
11 g EW, 48 g F, 84 g KH

1 Am Vortag ein Sieb mit einem sauberen Küchentuch auslegen
und auf einen Topf setzen. Den Sojajoghurt hineingeben, die
Ecken des Tuchs darüberschlagen und mit einem Teller beschweren. Den Joghurt über Nacht im Kühlschrank abtropfen lassen.

2 Am nächsten Tag den Espresso zubereiten und abkühlen lassen. Den abgetropften Joghurt in einer Schüssel mit 20 g Zucker,
Vanillezucker, Bittermandelaroma und Salz verrühren.

3 Mit dem Handrührgerät 350 g Sojasahne leicht schaumig
schlagen. Sahnefestiger einstreuen und weiterschlagen, bis die
Sahne fest und schaumig ist. Die Schlagsahne unter den Joghurt
heben und die Creme bis zur Verwendung kühl stellen.

4 Die Macadamianüsse grob hobeln. Die Banane schälen und
in Scheiben schneiden. Nüsse, restlichen Zucker und 50 g Sojasahne unter Rühren in ca. 5 Min. zu hellbraunem Karamell
kochen. 3 EL Espresso einrühren, die Bananenscheiben zugeben
und kurz darin erhitzen.

5 Die Hälfte der Joghurtcreme in die Förmchen füllen und glatt
streichen. Den Karamell darauf verteilen. Je 1 Cookie darauflegen
und mit 1 – 2 EL Espresso tränken. Dann die restliche Creme dar-
aufstreichen. Das Tiramisu zugedeckt mindestens 2 Std. kühlen.
Vor dem Servieren den Kakao in ein feines Sieb füllen und über
das Tiramisu stäuben.

MOHNKÜCHLEIN MIT WALDBEERGRÜTZE

Seit ich entdeckt habe, wie vielseitig Polenta ist, kommt sie bei mir häufig auch süß –
etwa als verführerisches Küchlein – auf den Tisch.

50 ml trockener Rotwein
(ersatzweise roter Traubensaft)
80 g Zucker
2 TL Speisestärke
1½ EL Zitronensaft
200 g gemischte TK-Beeren
50 g Instant-Polenta
50 g Dinkelmehl (Type 630)
1 EL Dampfmohn
2 TL Backpulver
1 Prise Salz
50 g Apfelmus
3 EL neutrales Öl
Außerdem:
4 Souffléförmchen (ca. 8 cm ⌀,
ersatzweise Portions-
förmchen)
Öl und Mehl für die Förmchen

Blitzschnell gebacken

Für 4 Personen |
20 Min. Zubereitung |
20 Min. Backen
Pro Portion ca. 290 kcal,
4 g EW, 9 g F, 47 g KH

1 Für die Grütze Rotwein mit 30 g Zucker, Speisestärke und 1 EL Zitronensaft in einem Topf verrühren. Unter Rühren erhitzen und kurz köcheln lassen, bis die Mischung andickt. Die Beeren zugeben und darin erhitzen (Bild 1). Die Grütze vom Herd nehmen und abkühlen lassen, dabei ab und zu umrühren.

2 Für die Küchlein den Backofen auf 200° vorheizen. Die Förmchen einfetten und mit Mehl ausstreuen. Polenta, Mehl, Mohn, Backpulver, restlichen Zucker und Salz mischen.

3 Apfelmus, Öl und 1 TL Zitronensaft mit dem Pürierstab fein mixen. Das Püree unter die Polentamischung rühren (Bild 2). Den Teig in die Förmchen füllen, im Ofen (Mitte) ca. 20 Min. backen.

4 Die Küchlein aus dem Ofen nehmen und 3 – 5 Min. ruhen lassen. Dann vorsichtig aus den Förmchen stürzen (Bild 3). Die Mohnküchlein noch warm mit der abgekühlten Waldbeergrütze auf vier Tellern anrichten und sofort servieren.

TIPP

Die perfekte Ergänzung zu Grütze und Mohnküchlein? Na klar: eine Kugel veganes Vanilleeis. Die Küchlein bekommen übrigens ein besonders feines Aroma, wenn Sie noch 2 – 3 Tropfen Bittermandelaroma mit ins Apfelmus mixen.

SWEET DREAMS

SCHOKO-KNUSPER-TÖRTCHEN

100 g Zartbitterschokolade (70 % Kakao) | 300 g kalte aufschlagbare Sojasahne | 50 g Rohrohrzucker | 1 Prise Salz | 100 g vegane weiße Schokolade | 50 g ungesüßte Cornflakes | 1 TL Öl | 1 Pck. Sahnefestiger | 1 EL Kakaopulver | 125 g Himbeeren

Sonntagssüßer Eindruckschinder

Für 4 Personen | 35 Min. Zubereitung | 12 Std. Kühlen
Pro Portion ca. 695 kcal, 4 g EW, 35 g F, 83 g KH

1 Am Vortag die Zartbitterschokolade in Stücke brechen. Mit 100 g Sojasahne, Zucker und Salz in einem Topf bei schwacher Hitze schmelzen. Dann abkühlen lassen.

2 Für die Böden die weiße Schokolade in Stücke brechen und in einer Schale im heißen Wasserbad schmelzen lassen. Die Cornflakes gut unterrühren. Einen Bogen Backpapier auf ein Tablett legen und dünn mit Öl bestreichen. Aus der Knuspermasse mit einem Esslöffel 4 Kreise (ca. 8 cm Ø) daraufsetzen und festdrücken. Die Böden bis zum Servieren zugedeckt in den Kühlschrank stellen.

3 Mit dem Handrührgerät 200 g Sojasahne leicht schaumig schlagen. Sahnefestiger einstreuen und weiterschlagen, bis die Sahne fest und schaumig ist. Die Schlagsahne unter die Zartbittercreme heben und 1 Min. weiterschlagen. Die Creme zugedeckt 12 Std. kühlen.

4 Am nächsten Tag die Böden auf vier Teller legen. Die Schokocreme mit einem Esslöffel daraufsetzen und mit Kakao bestäuben. Die Himbeeren verlesen und locker darüberstreuen.

MANDEL-NUSS-PRALINEN

100 g Mandelmus | 50 g Ahornsirup | 2–3 Tropfen Bittermandelaroma | 4 EL Kakaopulver | 80 g gehackte Mandeln (ersatzweise Haselnüsse) | 16 Haselnüsse (ersatzweise Macadamianüsse) | 150 g Zartbitterschokolade (70 % Kakao)

Kugelrunder Nussgenuss

Für 16 Stück | 30 Min. Zubereitung | 3 Std. 20 Min. Kühlen | 1 Std. Ruhen
Pro Stück ca. 140 kcal, 3 g EW, 11 g F, 7 g KH

1 Mandelmus, Ahornsirup, Bittermandelaroma und 1 ½ EL Kakaopulver ca. 2 Min. in einer Schüssel mit dem Löffel verrühren, bis eine zähe Masse entsteht und Öl austritt. Das Öl in einem Sieb abtropfen lassen, die Masse dann 20 Min. kühlen. Inzwischen die gehackten Mandeln in einer Pfanne ohne Fett hellbraun rösten.

2 Die Mandelmasse in 16 Portionen teilen. Diese jeweils flach drücken, 1 Nuss in die Mitte setzen, zusammenklappen und rund formen. Die Kugeln in den gerösteten Mandeln rollen und diese gut andrücken. Die Kugeln 1 Std. kühlen. Danach nochmals rund rollen und zugedeckt 2 Std. tiefkühlen.

3 Die Schokolade in Stücke brechen und in einer Schale im heißen Wasserbad schmelzen lassen. Die Kugeln durch die Schokolade ziehen, bis sie rundum überzogen sind. Auf einem Kuchengitter ruhen lassen, bis die Schokolade fest ist. (Weil die Kugeln kalt sind, geht das ziemlich schnell!) Den restlichen Kakao in ein Schälchen füllen und die Pralinen darin wälzen. Vor dem Servieren bei Zimmertemperatur ca. 1 Std. ruhen lassen, damit die Mandelmasse im Inneren wieder cremig wird.

SWEET DREAMS

REGISTER

Damit Sie Rezepte mit bestimmten Zutaten noch schneller finden, sind in diesem Register auch beliebte Zutaten wie **Cashewkerne** oder **Sojajoghurt** alphabetisch eingeordnet und hervorgehoben. Darunter finden Sie das Rezept Ihrer Wahl.

A

Amaranthpudding mit Obstsalat 53
Amaranth-Tonka-Porridge 11
Ananas-Kürbis-Cremesuppe 30
Auberginen: Polenta-Lasagne mit Auberginen 40
Aufstrich
    Choco-Coco-Creme 15
    Kichererbsen-Aufstrich 14
    Kräuter-Labneh 15
    Tomaten-Cashew-Aufstrich 14
Avocado-Cashew-Schiffchen 20
Avocado-Linsen-Salat 28

B

Bohneneintopf mit Räuchertofu 36
Bolognese: Spaghetti mit Tempeh-Bolognese 38
Brot
    Dinkel-Multikern-Brot 12
    Rührtofu-Brote 16
Burger: Tex-Mex-Burger 46
Burgerpattys (Tipp) 47
Burritos: Seitan-Burritos 48

C

Cashewkerne
    Avocado-Cashew-Schiffchen 20
    Cashew-Kokos-Joghurt (Grundrezept) 7
    Orientreis mit Granatapfelsalsa 43
    Tomaten-Cashew-Aufstrich 14
Chermoula, marokkanisches (Tipp) 36
Choco-Coco-Creme 15
Couscous: Kürbis-Couscous mit Tofu 42
Curry: Sauerkraut-Curry 44

D

Dinkel-Multikern-Brot 12
Dinkelmüsli, geröstetes 10

E/F

Eintopf
    Bohneneintopf mit Räuchertofu 36
    Linsen-Tomaten-Eintopf 37
Feldsalat mit Tofu 28

G

Getreide (Info) 5
Granatapfel
    Amaranthpudding mit Obstsalat 53
    Orientreis mit Granatapfelsalsa 43
Grünkernrösti mit Rahmgemüse 34

H/J

Hülsenfrüchte (Info) 5
Hummus: Kichererbsensalat mit Hummus 26
Joghurt nach griechischer Art (Tipp) 10
Joghurt: Cashew-Kokos-Joghurt (Grundrezept) 7

K

Kartoffeln
    Kartoffeln (Info) 5
    Mini-Kartoffelknödel mit Spitzkohl 22
    Süßkartoffelsalat, warmer 29
Kichererbsen-Aufstrich 14
Kichererbsensalat mit Hummus 26
Knusperspargel mit Bärlauchmayo 25
Kokosmilch
    Ananas-Kürbis-Cremesuppe 30
    Cashew-Kokos-Joghurt (Grundrezept) 7
    Kokos-Grießpudding mit Mango 52
    Linsenbällchen-Masala 45
    Sauerkraut-Curry 44
Kräuter-Labneh 15
Kürbis: Ananas-Kürbis-Cremesuppe 30
Kürbis-Couscous mit Tofu 42

L

Linsen: Avocado-Linsen-Salat 28
Linsenbällchen mit Mangodip 24

Linsenbällchen-Masala 45
Linsen-Tomaten-Eintopf 37

M

Macadamia-Tiramisu 54
Mandel-Macadamia-Mus
   (Grundrezept) 6
Mandel-Nuss-Pralinen 59

Mandeln
Mandeln (Info) 5
Möhren-Mandel-Creme-
   suppe 31

Mango
Kokos-Grießpudding mit
   Mango 52
Linsenbällchen mit Mango-
   dip 24
Mayonnaise: Knusperspargel mit
   Bärlauchmayo 25
Mini-Kartoffelknödel mit Spitz-
   kohl 22
Mohnküchlein mit Waldbeer-
   grütze 56
Möhren-Mandel-Cremesuppe 31
Müsli: Dinkelmüsli, geröstetes 10

N

Nüsse
Avocado-Cashew-Schiff-
   chen 20
Cashew-Kokos-Joghurt
   (Grundrezept) 7
Macadamia-Tiramisu 54
Mandel-Macadamia-Mus
   (Grundrezept) 6
Mandel-Nuss-Pralinen 59
Nüsse (Info) 5

O

Ölsamen
Dinkel-Multikern-Brot 12
Ölsamen (Info) 5
Orientreis mit Granatapfel-
   salsa 43

P

Polenta-Lasagne mit Auberginen 40
Porridge: Amaranth-Tonka-Porridge 11
Pseudogetreide (Info) 5

Pudding
Amaranthpudding mit Obst-
   salat 53
Kokos-Grießpudding mit
   Mango 52

R

Reis: Orientreis mit Granatapfel-
   salsa 43
Rösti: Grünkernrösti mit Rahm-
   gemüse 34
Rübchensalat 29
Rührtofu-Brote 16

S

Salat
Avocado-Linsen-Salat 28
Feldsalat mit Tofu 28
Kichererbsensalat mit Hum-
   mus 26
Rübchensalat 29
Süßkartoffelsalat, warmer 29
Sauerkraut-Curry 44
Schoko-Knusper-Törtchen 58

Schokolade
Choco-Coco-Creme 15
Mandel-Nuss-Pralinen 59
Seitan: Burgerpattys (Tipp) 47
Seitan-Burritos 48
Smoothies 64

Sojajoghurt
Choco-Coco-Creme 15
Dinkel-Multikern-Brot 12
Joghurt nach griechischer Art
   (Tipp) 10
Kräuter-Labneh 15
Macadamia-Tiramisu 54
Spaghetti mit Tempeh-Bolog-
   nese 38
Spargel: Knusperspargel mit
   Bärlauchmayo 25
Spitzkohl: Mini-Kartoffelknödel
   mit Spitzkohl 22

Suppe
Ananas-Kürbis-Creme-
   suppe 30
Möhren-Mandel-Creme-
   suppe 31
Süßkartoffelsalat, warmer 29

T

Tempeh: Spaghetti mit Tempeh-
   Bolognese 38
Tex-Mex-Burger 46

Tofu
Bohneneintopf mit Räucher-
   tofu 36
Feldsalat mit Tofu 28
Kürbis-Couscous mit Tofu 42
Rührtofu-Brote 16
Tomaten-Cashew-Aufstrich 14
Tortillas (Tipp) 48

© 2015 GRÄFE UND UNZER
VERLAG GmbH, München
Alle Rechte vorbehalten. Nachdruck, auch auszugsweise, sowie die Verbreitung durch Film, Funk, Fernsehen und Internet, durch fotomechanische Wiedergabe, Tonträger und Datenverarbeitungssysteme jeglicher Art nur mit schriftlicher Genehmigung des Verlages.

Projektleitung: Verena Kordick
Lektorat: Petra Teetz
Korrektorat: Petra Bachmann
Innen- und Umschlaggestaltung: independent Medien-Design, Horst Moser, München
Illustrationen: Julia Hollweck
Herstellung: Sigrid Frank
Satz: Kösel, Krugzell
Reproduktion: Medienprinzen, München
Druck und Bindung:
Schreckhase, Spangenberg
Syndication:
www.jalag-syndication.de
Printed in Germany

1. Auflage 2015
ISBN 978-3-8338-4308-2

www.facebook.com/gu.verlag

Der Autor
Martin Kintrup arbeitet für verschiedene Verlage als Redakteur und Autor. Viele seiner Bücher rund ums Kochen und Essen sind preisgekrönt. Ein besonderes Faible hat er für die fleischlose Küche, weshalb er in diesem Küchenratgeber seine veganen Lieblingsrezepte verrät.

Der Fotograf
Wolfgang Schardt hegt eine Leidenschaft für gutes Essen und hat ein Händchen dafür, jedes Gericht im besten Licht zu präsentieren. Zusammen mit **Michaela Pfeiffer** (Foodstyling) und **Janet Hesse** (Assistenz) verwandelte er sein Fotostudio in eine vegane Oase und zeigt, wie lecker Gerichte ganz ohne Tier sein können.

Bildnachweis
Autorenfoto: Food & Nude Photography, Münster; alle anderen Fotos: Wolfgang Schardt

Titelrezept
Seitan-Burritos (S. 48)

Umwelthinweis:
Dieses Buch ist auf PEFC-zertifiziertem Papier aus nachhaltiger Waldwirtschaft gedruckt.

Liebe Leserin, lieber Leser,
haben wir Ihre Erwartungen erfüllt? Sind Sie mit diesem Buch zufrieden? Haben Sie weitere Fragen zu diesem Thema? Wir freuen uns auf Ihre Rückmeldung, auf Lob, Kritik und Anregungen, damit wir für Sie immer besser werden können.

GRÄFE UND UNZER Verlag
Leserservice
Postfach 86 03 13
81630 München
E-Mail:
leserservice@graefe-und-unzer.de

Telefon: 00800 / 72 37 33 33*
Telefax: 00800 / 50 12 05 44*
Mo–Do: 8.00–18.00 Uhr
Fr: 8.00–16.00 Uhr
(* gebührenfrei in D, A, CH)

Ihr GRÄFE UND UNZER Verlag
Der erste Ratgeberverlag – seit 1722.

Backofenhinweis:
Die Backzeiten können je nach Herd variieren. Die Temperaturangaben in unseren Rezepten beziehen sich auf das Backen im Elektroherd mit Ober- und Unterhitze und können bei Gasherden oder Backen mit Umluft abweichen. Details entnehmen Sie bitte Ihrer Gebrauchsanweisung.

LEICHTER DURCHS LEBEN

DEIN DIGITALER COACH FÜR MEHR BALANCE

GU BALANCE
www.gu-balance.de

JETZT 10 TAGE KOSTENLOS TESTEN
www.gu-balance.de

✓ BESSER ESSEN
✓ MIT SPASS BEWEGEN
✓ ENDLICH ENTSPANNT

FÜR:

SMOOTHIES

Diese leckeren, cremigen Drinks geben mir schon beim Frühstück das gute Gefühl, bestens mit Vitaminen, Mineralstoffen & Co. versorgt zu sein.

ROT UND HERB

Für 2 Gläser: 1 rosa Grapefruit dick schälen, dabei die weiße Innenhaut mit entfernen. Dann die Fruchtfilets mit einem scharfen Messer zwischen den Trennhäutchen herausschneiden. 2 kleine Bananen schälen und grob würfeln. 1 Stück Ingwer (2 – 3 cm) schälen und klein würfeln. 3 Stängel Minze waschen, trocken schütteln und die Blätter abzupfen. Grapefruitfilets, Bananen, Ingwer und Minze mit 1 TL Rapsöl (ersatzweise anderes hochwertiges Öl) und 200 ml Rote-Bete-Direktsaft im Mixer sehr fein pürieren. Den Smoothie sofort servieren.

GELB UND EXOTISCH

Für 2 Gläser: 70 g Ananasfruchtfleisch, 70 g Cantaloupe-Melonenfruchtfleisch und 150 g reifes Mangofruchtfleisch in grobe Würfel schneiden. 1 gelbe Kiwi schälen und ebenfalls grob würfeln. Die Früchte mit 50 ml Apfelsaft, 1 EL getrockneten Cranberrys und 1 EL Limettensaft im Mixer sehr fein pürieren. Den Smoothie sofort servieren. Tipp: Damit es nicht langweilig wird, Ananas oder Melone gegen Papaya tauschen, statt Apfelsaft mal Orangensaft, Passionsfruchtsaft oder Kokosmilch verwenden und die Cranberrys gegen getrocknete Gojibeeren austauschen.

GRÜN UND MILD

Für 2 Gläser: 50 g Feldsalat verlesen, waschen und trocken schleudern. ½ kleine Avocado (z. B. »Hass«) schälen und grob würfeln. 4 Stängel Basilikum waschen, trocken schütteln und die Blätter abzupfen. 1 kleine Banane schälen und ebenfalls grob würfeln. Feldsalat, Avocado, Basilikum und Banane mit ¼ l Apfelsaft (ersatzweise Orangensaft) und 1 EL Zitronensaft im Mixer sehr fein pürieren. Den Smoothie sofort servieren. Tipp: Statt Feldsalat ruhig mal jungen Spinat verwenden. Und statt Basilikum geben auch Minze oder Petersilie dem Smoothie Aroma.